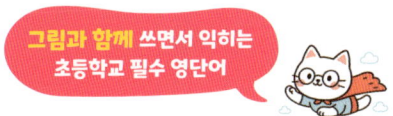

그림과 함께 쓰면서 익히는
초등학교 필수 영단어

초등 영단어
쓰기노트 60 day

이민정, 장현애 엮음

그림과 함께 쓰면서 익히는 초등학교 필수 영단어

초등 영단어 쓰기노트 60 day

저 자 이민정, 장현애 엮음
발행인 고본화
발 행 반석출판사
2025년 9월 05일 초판 1쇄 인쇄
2025년 9월 15일 초판 1쇄 발행
홈페이지 www.bansok.co.kr
이메일 bansok@bansok.co.kr
블로그 blog.naver.com/bansokbooks

07547 서울시 강서구 양천로 583. B동 1007호
대표전화 02) 2093-3399 **팩 스** 02) 2093-3393
출 판 부 02) 2093-3395 **영업부** 02) 2093-3396
등록번호 제315-2008-000033호

ISBN 978-89-7172-119-3 (13740)

초등 영단어 쓰기노트

그림과 함께 쓰면서 익히는
초등학교 필수 영단어

60 day

이민정, 장현애 엮음

반석출판사

머리말

요새는 영어를 잘하는 친구들이 많은 것 같아요.
영어를 잘하는 친구들을 보면 대부분 단어를 많이 알고 있어요.
단어를 많이 알아야 말도 할 수 있고 쓸 수도 있으니까요.

단어는 눈으로 보면서 외울 수도 있지만, 손으로 쓰면서 외우면
좀 더 오래 기억할 수 있다는 거 아세요?
그래서 쓰면서 단어를 공부할 수 있는 책이 나왔어요.
그런데 그냥 글만 있으면 공부가 재미없잖아요? 그래서 친구들이 그림을 보면서
즐겁게 단어를 쓰고 외울 수 있도록 재미있게 공부할 수 있는 책이 나왔어요.

철자는 쓰고, 발음은 읽으면서 공부할 수 있도록 한글 발음도 함께 써 놓았으니
친구들이 좀 더 쉽게 영어 단어 공부를 할 수 있을 거예요.
하루 분량의 단어 쓰기 공부가 끝나면 단어 한글 뜻과 영단어가 함께
녹음되어 있는 mp3 파일을 들으면서 복습해 보세요.
머리에 아주 오랫동안 남을 거예요.

5일치 공부가 끝나면 연습문제를 풀어 보세요. 그동안 공부한 것을 얼마나
기억하고 있는지 테스트할 수 있어요. 연습문제는 다양한 스타일로
이루어져 있어 복습도 지루하지 않아요.
그럼 즐거운 영단어 쓰기 공부를 하러 떠나 볼까요?

차례

알파벳 쓰기

A a	A
	a
B b	B
	b
C c	C
	c
D d	D
	d
E e	E
	e
F f	F
	f
G g	G
	g
H h	H
	h

I i	I
	i
J j	J
	j
K k	K
	k
L l	L
	l
M m	M
	m
N n	N
	n
O o	O
	o
P p	P
	p

Q q	Q
	q
R r	R
	r
S s	S
	s
T t	T
	t
U u	U
	u
V v	V
	v
W w	W
	w
X x	X
	x

Y	Y
y	y
Z	Z
z	z

알파벳 대문자 쓰기

START

A

FINISH

10

알파벳 소문자 쓰기

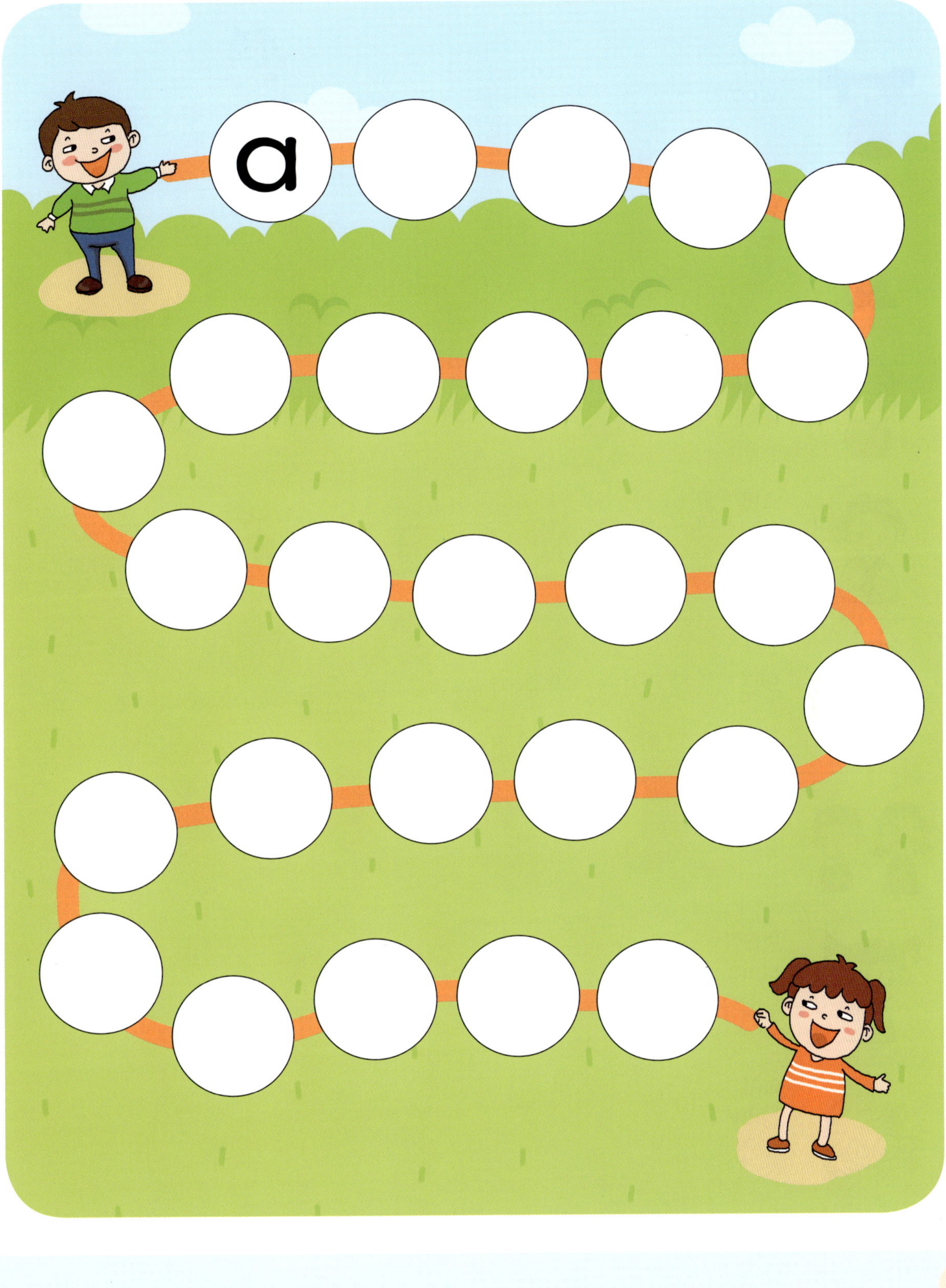

a

DAY 01 성별, 노소 / 가족

여자
woman
워먼

woman

남자
man
맨

man

노인
elderly person
앨들리 펄슨

elderly person

소년
boy
보이

boy

소녀
girl
걸

girl

청소년
adolescent
애들레슨트

adolescent

어린이
child
차일드

child

아기
baby
베이비

baby

아버지(아빠)
father, dad
파더, 댇

father, dad

어머니(엄마)
mother, mom
마더, 맘

mother, mom

언니/누나
elder sister
엘더 시스터

elder sister

오빠/형
elder brother
엘더 브라더

elder brother

남동생
younger brother
영거 브라더

younger brother

여동생
younger sister
영거 시스터

younger sister

아들
son
썬

son

딸
daughter
도러

daughter

13

DAY 02 친가 / 외가

친할아버지
paternal grandfather
퍼터널 그랜파더

paternal grandfather

친할머니
paternal grandmother
퍼터널 그랜마더

paternal grandmother

고모
aunt
앤트

aunt

고모부
uncle
엉클

uncle

큰아버지/작은아버지
(삼촌)
uncle
엉클

uncle

큰어머니/숙모
aunt
앤트

aunt

사촌형/사촌오빠/
사촌남동생
cousin
커즌

cousin

사촌누나/사촌언니/
사촌여동생
cousin
커즌

cousin

Listen

외할아버지
maternal grandfather
머터널 그랜파더

maternal grandfather

외할머니
maternal grandmother
머터널 그랜마더

maternal grandmother

외삼촌
uncle
엉클

uncle

외숙모
aunt
앤트

aunt

이모
aunt
앤트

aunt

이모부
uncle
엉클

uncle

사촌형/사촌오빠/
사촌남동생
cousin
커즌

cousin

사촌누나/사촌언니/
사촌여동생
cousin
커즌

cousin

 간호사
nurse
널스

nurse

 약사
pharmacist
파머씨스트

pharmacist

 의사
doctor
닥터

doctor

 선생님/교사
teacher
티쳐

teacher

 교수
professor
프로페써

professor

 가수
singer
씽어

singer

 음악가
musician
뮤지션

musician

 화가
painter
페인터

painter

공무원
civil servant
씨빌 써번트

civil servant

요리사
cook
쿡

cook

소방관
fire fighter
파이어 파이터

fire fighter

승무원
flight attendant
플라잇 어텐던트

flight attendant

판사
judge
져지

judge

검사
prosecutor
프로씨큐터

prosecutor

변호사
lawyer
러여

lawyer

사업가
businessman
비즈니스맨

businessman

DAY 04 직업 Ⅱ

회사원
company employee
컴퍼니 임플로이

company employee

학생
student
스튜든트

student

농부
farmer
파머

farmer

작가
writer
라이러

writer

정치가
politician
폴리티션

politician

미용사
hairdresser
헤어드레서

hairdresser

군인
soldier
솔져

soldier

경찰관
police officer
폴리스 오피서

police officer

엔지니어
engineer
엔지니어

engineer

통역원
interpreter
인터프리러

interpreter

비서
secretary
쎄크리터리

secretary

회계사
accountant
어카운턴트

accountant

수의사
veterinarian
베터내리언

veterinarian

건축가
architect
아키텍트

architect

편집자
editor
에디더

editor

운동선수
athlete
애쓸릿

athlete

DAY 05 성격

명랑한
cheerful
취어풀

cheerful

상냥한
tender
텐더

tender

친절한
kind
카인드

kind

당당한
confident
컨피던트

confident

대범한
free-hearted
프리허디드

free-hearted

눈치가 빠른
ready-witted
레디위드

ready-witted

솔직한
straightforward
스트레잇포워드

straightforward

적극적인
active
액티브

active

사교적인
sociable
쏘셔블

sociable

겁이 많은
cowardly
카워들리

cowardly

긍정적인
positive
파저티브

positive

부정적인
negative
네거티브

negative

다혈질인
hot-tempered
핫템퍼드

hot-tempered

냉정한
cold
코울드

cold

내성적인
introverted
인트로버티드

introverted

외향적인
extroverted
엑스트로버티드

extroverted

연습 문제 A

영어단어에 알맞은 뜻을 연결해 보세요.

1. woman •   • ⓐ 어린이

2. man •   • ⓑ 청소년

3. elderly person •   • ⓒ 남자

4. child •   • ⓓ 여자

5. boy •   • ⓔ 노인

6. girl •   • ⓕ 소년

7. adolescent •   • ⓖ 사촌형

8. cousin •   • ⓗ 소녀

9. doctor •   • ⓘ 군인

10. active •   • ⓙ 고모부

11. soldier •   • ⓚ 의사

12. athlete •   • ⓛ 적극적인

13. uncle •   • ⓜ 운동선수

14. student •   • ⓝ 학생

15. aunt •   • ⓞ 내성적인

16. introverted •   • ⓟ 이모

답 1.ⓓ 2.ⓒ 3.ⓔ 4.ⓐ 5.ⓕ 6.ⓗ 7.ⓑ 8.ⓖ 9.ⓚ 10.ⓛ 11.ⓘ 12.ⓜ 13.ⓙ 14.ⓝ 15.ⓟ 16.ⓞ

빈칸에 알맞은 단어를 넣어보세요.

1

A: 어머니의 직업은 무엇인가요?

What's your mother's job?

왓츠 유어 마더스 잡

B: 엄마는 작가이십니다.

She is a _____.

쉬 이즈 어 라이러

2

A: 장래희망이 뭔가요?

What do you want to be?

왓 두 유 원투 비

B: 저는 선생님이 되고 싶어요.

I want to be a _____.

아이 원투 비 어 티처

3

A: 가족이 몇 명이에요?

How many people are there in your family?

하우 매니 피플 아 데어 인 유어 패밀리

B: 네 명이에요. 아빠, 엄마, 형(오빠), 그리고 저요.

There are four in my family. Father, mother, _____ _____, and me.

데어 아 포 인 마이 패밀리 파더 마더 엘더 브라더 앤 미

4

A: 성격이 어떠세요?

What kind of personality do you have?

왓 카인덥 퍼스낼러티 두 유 해브

B: 저는 명랑해요.

I am _____.

아이 앰 취어풀

답 1. writer 2. teacher 3. elder brother 4. cheerful

신체명 Ⅰ

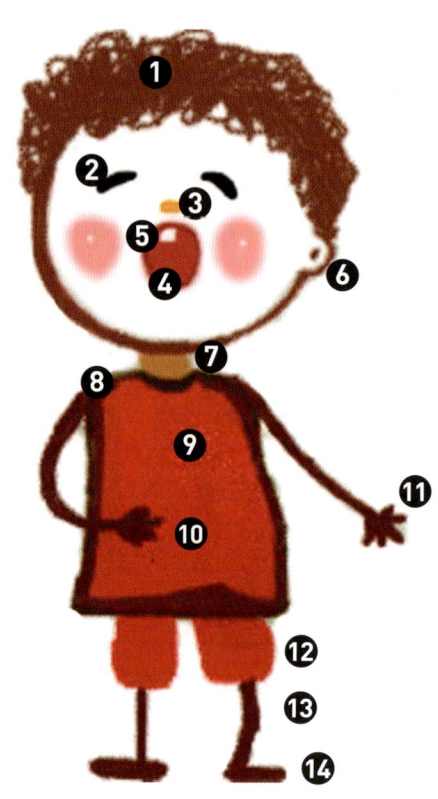

① 머리
head
헤드

head

② 눈
eye
아이

eye

③ 코
nose
노우즈

nose

④ 입
mouth
마우쓰

mouth

⑤ 이
tooth
투쓰

tooth

⑥ 귀
ear
이어

ear

⑦ 목
neck
넥

neck

⑧ 어깨
shoulder
숄더

shoulder

⑨ 가슴
chest
체스트

chest

⑩ 배
stomach
스터먹

stomach

⑪ 손
hand
핸드

hand

⑫ 다리
leg
레그

leg

⑬ 무릎
knee
니

knee

⑭ 발
foot
풋

foot

신체명 Ⅱ

① 등
back
백

back

② 머리카락
hair
헤어

hair

③ 팔
arm
암

arm

④ 허리
waist
웨이스트

waist

⑤ 엉덩이
hip
힙

hip

⑥ 발목
ankle
앵클

ankle

⑦ 턱
jaw
줘

jaw

목구멍
throat
쓰롯

throat

⑧ 볼/뺨
cheek
칙

cheek

⑨ 배꼽
navel
네이블

navel

⑩ 손톱
nail
네일

nail

⑪ 손목
wrist
리스트

wrist

⑫ 손바닥
palm
팜

palm

⑬ 혀
tongue
텅

tongue

⑭ 피부
skin
스킨

skin

⑮ 팔꿈치
elbow
엘보우

elbow

신체명 Ⅲ

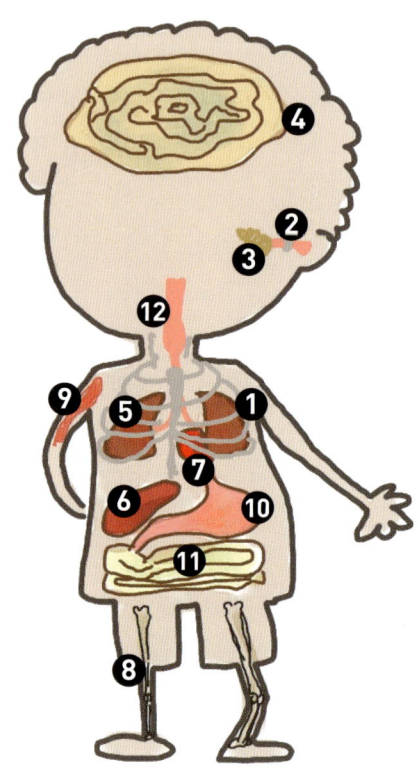

① 갈비뼈
rib
립

rib

② 고막
eardrum
이어드럼

eardrum

③ 달팽이관
cochlea
카클리어

cochlea

④ 뇌
brain
브레인

brain

Listen

⑤ 폐
lung
렁

lung

⑥ 간
liver
리버

liver

⑦ 심장
heart
할트

heart

⑧ 다리뼈
leg bone
레그 본

leg bone

⑨ 근육
muscle
머쓸

muscle

⑩ 위
stomach
스터먹

stomach

⑪ 대장
large intestine
라진테스틴

large intestine

⑫ 식도
gullet
걸럿

gullet

29

병명

천식
asthma
애즈머

asthma

고혈압
high blood pressure
하이 블러드 프레셔

high blood pressure

소화불량
indigestion
인디제스천

indigestion

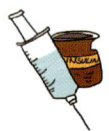
당뇨병
diabetes
다이아비디스

diabetes

심장병
heart disease
할트 디지스

heart disease

맹장염
appendicitis
어펜디사이디스

appendicitis

위염
gastritis
게스트라이디스

gastritis

배탈
stomachache
스터먹에익

stomachache

감기
cold
코울드

cold

설사
diarrhea
다이어리어

diarrhea

식중독
food poisoning
푸드 포이즈닝

food poisoning

치통
toothache
투쩨익

toothache

고열
high fever
하이 피버

high fever

골절
fracture
프랙처

fracture

두통
headache
헤데익

headache

암
cancer
캔써

cancer

DAY 10

약명 / 생리현상

소화제
digestive medicine
다이제스티브 메디슨

digestive medicine

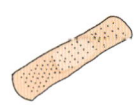

반창고
adhesive bandage
앳히씨브 밴디쥐

adhesive bandage

수면제
sleeping pill
슬리핑 필

sleeping pill

진통제
pain reliever / analgesic
페인 릴리버 / 애널쥐직

pain reliever / analgesic

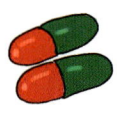

해열제
fever reducer / antipyretic
피버 리듀써 / 안티페이레틱

fever reducer / antipyretic

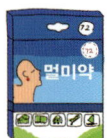

멀미약
motion sickness reliever
모션 찍니스 릴리버

motion sickness reliever

기침약
cough medicine
콥 메디슨

cough medicine

소독약
antiseptic
앤티셉틱

antiseptic

트림
burp
벌프

burp

재채기
sneeze
스니즈

sneeze

딸꾹질
hiccup
히껍

hiccup

하품
yawning
야닝

yawning

눈물
tear
티어

tear

대변
feces
피씨즈

feces

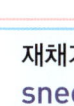

방귀
fart
파트

fart

소변
urine
유런

urine

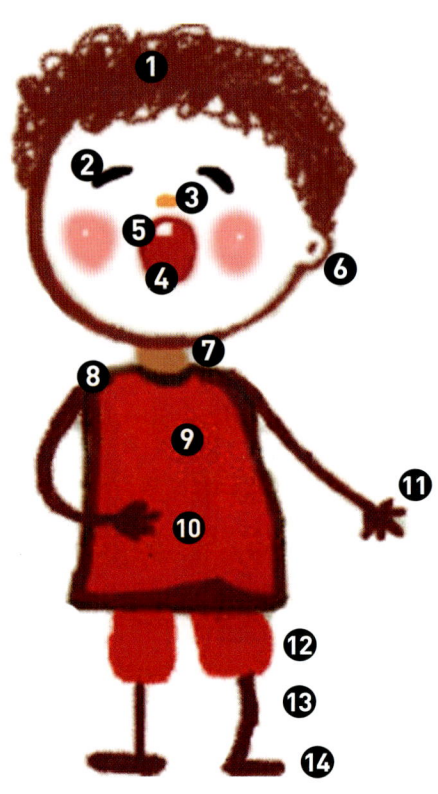

1. 머리 _____   2. 눈 _____

3. 코 _____   4. 입 _____

5. 이 _____   6. 귀 _____

7. 목 _____   8. 어깨 _____

9. 가슴 _____   10. 배 _____

11. 손 _____   12. 다리 _____

13. 무릎 _____   14. 발 _____

답 1. head 2. eye 3. nose 4. mouth 5. tooth 6. ear 7. neck 8. shoulder 9. chest
10. stomach 11. hand 12. leg 13. knee 14. foot

 **연습 문제 B**

몸이 아파서 병원에 갔습니다. 우리말에 맞게 아픈 증상을 말하는 빈칸을 채워보세요.

1

저는 머리가 너무 아파요.

I have a _____.

2

저는 배탈이 났어요.

I have a _____.

3

저는 이가 아파요.

I have a _____.

4

저는 감기에 걸렸어요.

I caught a _____.

답 1. headache 2. stomachache 3. toothache 4. cold

DAY 11

감정

흥분한
excited
익싸이디드

excited

재미있는
funny
퍼니

funny

행복한
happy
해피

happy

즐거운
pleasant
플리즌트

pleasant

기쁜
glad
글래드

glad

자랑스러운
proud
프라우드

proud

감격한
deeply moved
딥플리 뭅드

deeply moved

부끄러운
ashamed
어쉐임드

ashamed

 난처한 **embarrassed** 임베러스드	embarrassed
 외로운 **lonely** 론니	lonely
 화난 **angry** 앵그리	angry
 피곤한 **tired** 타이어드	tired
 지루한 **bored** 볼드	bored
 슬픈 **sad** 새드	sad
 놀란 **surprised** 서프라이즈드	surprised
 질투하는 **jealous** 젤러스	jealous

칭찬 / 축하

멋져요
Great!
그레잇

Great!

훌륭해요
Excellent!
엑썰런트

Excellent!

굉장해요
Awesome!
어썸

Awesome!

대단해요
Wonderful!
원더풀

Wonderful!

귀여워요
Cute!
큐트

Cute!

예뻐요
Pretty!
프리디

Pretty!

아름다워요
Beautiful!
뷰리풀

Beautiful!

최고예요
Best!
베스트

Best!

참 잘했어요
Good job!
굿 좝

Good job!

생일 축하합니다
Happy birthday.
해피 벌쓰데이

Happy birthday.

명절 잘 보내세요
Have a good holiday.
해버 굿 할러데이

Have a good holiday.

새해 복 많이 받으세요
Happy New Year.
해피 뉴 이어

Happy New Year.

즐거운 성탄절 되세요
Merry Christmas.
메리 크리스마스

Merry Christmas.

DAY 13 행동 I

세수하다
wash one's face
와쉬 원스 페이스

wash one's face

청소하다
clean
클린

clean

자다
sleep
슬립

sleep

일어나다
wake up
웨이컵

wake up

빨래하다
wash
와쉬

wash

먹다
eat
잇

eat

마시다
drink
드링크

drink

요리하다
cook
쿡

cook

40

설거지하다
do the dishes
두 더 디쉬스

do the dishes

양치질하다
brush one's teeth
브러쉬 원스 티쓰

brush one's teeth

샤워하다
take a shower
테이커 샤워

take a shower

옷을 입다
wear
웨어

wear

옷을 벗다
take off
테이커프

take off

쓰레기를 버리다
throw away garbage
쓰로 어웨이 가비쥐

throw away garbage

불을 켜다
turn on the light
턴 온 더 라잇

turn on the light

불을 끄다
turn off the light
턴 오프 더 라잇

turn off the light

행동 Ⅱ

오다
come
컴

come

가다
go
고

go

앉다
sit
싵

sit

서다
stand
스탠드

stand

걷다
walk
워크

walk

달리다
run
런

run

놀다
play
플레이

play

웃다
laugh
래프

laugh

Listen

 울다 **cry** 크라이	cry
묻다 **ask** 애스크	ask
대답하다 **answer** 앤써	answer
 멈추다 **stop** 스탑	stop
움직이다 **move** 무브	move
올라가다 **go up** 고 업	go up
 내려가다 **go down** 고 다운	go down
 읽다 **read** 리드	read

43

인사

안녕하세요
How are you?
하와 유

How are you?

아침인사(안녕하세요)
Good morning.
굿 모닝

Good morning.

점심인사(안녕하세요)
Good afternoon.
굿 애프터눈

Good afternoon.

저녁인사(안녕하세요)
Good evening.
굿 이브닝

Good evening.

처음 뵙겠습니다
How do you do?
하우 두 유 두

How do you do?

만나 뵙고 싶었습니다
I wanted to see you.
아이 워니드 투 씨 유

I wanted to see you.

잘 지내셨어요?
How have you been?
하우 해뷰 빈

How have you been?

만나서 반갑습니다
Nice to meet you.
나이스 투 미츄

Nice to meet you.

오랜만이에요
It's been a long time.
잇츠 빈 어 롱 타임

It's been a long time.

안녕히 가세요
Good bye.
굿 바이

Good bye.

또 만나요
See you again.
씨 유 어겐

See you again.

안녕히 주무세요
Good night.
굿 나잇

Good night.

영어단어에 알맞은 뜻을 연결해 보세요.

1. surprised ●   ● ⓐ 슬픈

2. Good night. ●   ● ⓑ 만나서 반갑습니다.

3. Beautiful! ●   ● ⓒ 아름다워요!

4. sad ●   ● ⓓ 놀란

5. Nice to meet you. ●   ● ⓔ 행복한

6. happy ●   ● ⓕ (아침인사) 안녕하세요.

7. Good morning! ●   ● ⓖ 또 만나요.

8. Awesome! ●   ● ⓗ 생일 축하해요.

9. tired ●   ● ⓘ 안녕히 주무세요.

10. See you again. ●   ● ⓙ 자랑스러운

11. proud ●   ● ⓚ 화난

12. Cute! ●   ● ⓛ 귀여워요!

13. Happy birthday. ●   ● ⓜ 멋져요!

14. funny ●   ● ⓝ 재미있는

15. angry ●   ● ⓞ 피곤한

16. Good job! ●   ● ⓟ 참 잘했어요!

답 1.ⓓ 2.ⓘ 3.ⓒ 4.ⓐ 5.ⓑ 6.ⓔ 7.ⓕ 8.ⓜ 9.ⓞ 10.ⓖ 11.ⓙ 12.ⓛ 13.ⓗ 14.ⓝ 15.ⓚ 16.ⓟ

수진이의 일기를 보고 밑줄 친 부분에
알맞은 영어 단어를 적어 보세요.

날짜	7 월 22 일	날씨	☀ ☁ ☂ ⛄

어젯밤 9시에 <u>자서</u> 오늘 아침 7시에 <u>일어났다</u>.
(   )   (   )

아침밥을 <u>먹고</u> <u>세수를</u> 하고 양치질을 했다.
(   )(   )

집 밖에 나가서 친구들과 신나게 <u>놀았다</u>.
(   )

놀다가 넘어져서 <u>울었다</u>. 집에 <u>걸어와서</u> <u>샤워를</u> 했다.
(   ) (   )(   )

엄마가 친구들과 재미있게 놀았냐고 <u>물어봐서</u> 그렇다고 <u>대답했다</u>.
(   ) (   )

답 sleep, wake up, eat, wash one's(my) face, play, cry, walk, take a shower, ask, answer

DAY 16 학교 / 도형

유치원
kindergarten
킨더가든

kindergarten

초등학교
primary school
프라이메리 스쿨

primary school

중학교
middle school
미들 스쿨

middle school

고등학교
high school
하이 스쿨

high school

대학교
university
유니버씨리

university

정사각형
square
스퀘어

square

삼각형
triangle
트라이앵글

triangle

원
circle
써클

circle

사다리꼴 **trapezoid** 트레퍼저이드	trapezoid
원추형 **cone** 콘	cone
다각형 **polygon** 팔리간	polygon
부채꼴 **sector** 쎅터	sector
타원형 **oval** 오블	oval
육각형 **hexagon** 핵써간	hexagon
오각형 **pentagon** 펜터간	pentagon
원기둥 **cylinder** 씰린더	cylinder

학교시설

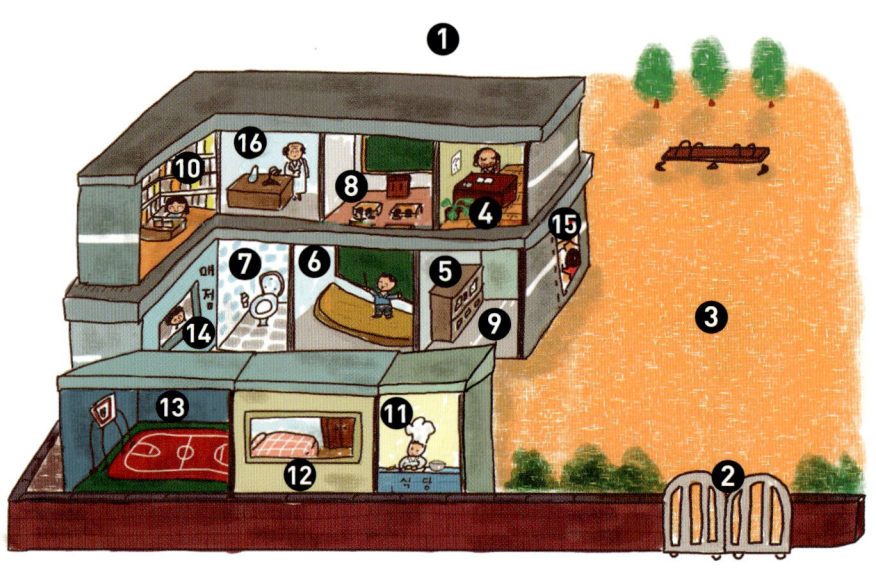

① 교정
campus
캠퍼스

campus

② 교문
school gate
스쿨 게잇

school gate

③ 운동장
playground
플레이그라운드

playground

④ 교장실
principal's office
프린써플소피스

principal's office

⑤ 사물함
locker
라커

locker

⑥ 강의실
lecture room
렉처 룸

lecture room

Listen

⑦ **화장실**
toilet
토일럿

toilet

⑧ **교실**
classroom
클래스룸

classroom

⑨ **복도**
hallway
홀웨이

hallway

⑩ **도서관**
library
라이브러리

library

⑪ **식당**
cafeteria
카페테리아

cafeteria

⑫ **기숙사**
dormitory
도미터리

dormitory

⑬ **체육관**
gym
짐

gym

⑭ **매점**
cafeteria
카페테리아

cafeteria

⑮ **교무실**
teacher's room
티처스 룸

teacher's room

⑯ **실험실**
laboratory
래브러토리

laboratory

DAY 18 교과목 및 관련 단어

영어
English
잉글리쉬

English

수학
math
매쓰

math

경제
economics
이코노믹스

economics

지리
geography
쥐아그래피

geography

역사
history
히스토리

history

음악
music
뮤직

music

체육
**physical
education(PE)**
피지컬 에듀케이션

physical education(PE)

받아쓰기
dictation
딕테이션

dictation

52

중간고사
mid-term exam
미드텀 이그잼

mid-term exam

기말고사
final exam
파이널 이그잼

final exam

입학
admission
어드미션

admission

졸업
graduation
그래쥬에이션

graduation

숙제
homework
홈워크

homework

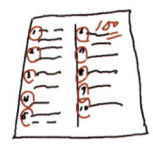
시험
test
테스트

test

학기
semester
씨메스터

semester

문학
literature
릿트러처

literature

DAY 19

학용품 I

공책(노트)
notebook
낫북

notebook

지우개
eraser
이레이써

eraser

볼펜
ball-point pen
볼포인트 펜

ball-point pen

연필
pencil
펜쓸

pencil

노트북
notebook
낫북

notebook

책
book
북

book

칠판
blackboard
블랙보드

blackboard

칠판지우개
blackboard eraser
블랙보드 이레이써

blackboard eraser

 **필통** **pencil case** 펜쓸 케이스	pencil case
 **샤프** **mechanical pencil** 매커니컬 펜쓸	mechanical pencil
 **색연필** **colored pencil** 컬러드 펜쓸	colored pencil
 **압정** **tack** 택	tack
 **만년필** **fountain pen** 파운튼 펜	fountain pen
 **클립** **clip** 클립	clip
 **연필깎이** **pencil sharpener** 펜쓸 샤프너	pencil sharpener
 **크레파스** **pastel crayon** 파스텔 크레용	pastel crayon

학용품 Ⅱ

화이트
correction fluid
커렉션 플루이드

correction fluid

가위
scissors
씨저스

scissors

풀
glue
글루

glue

물감
paint
페인트

paint

잉크
ink
잉크

ink

자
ruler
룰러

ruler

스테이플러
stapler
스테플러

stapler

스케치북
sketchbook
스케치북

sketchbook

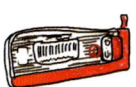

샤프심
lead
레드

lead

칼
utility knife
유틸리디 나입

utility knife

파일
file
파일

file

매직펜
marker pen
마커 펜

marker pen

사인펜
felt-tip pen
펠팁 펜

felt-tip pen

형광펜
highlighter
하이라이러

highlighter

테이프
tape
테입

tape

콤파스
compass
컴퍼스

compass

연습 문제 A

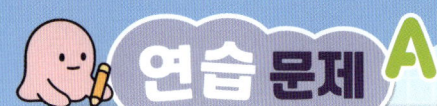

그림을 보고 그림에 해당하는 알맞은 단어를 적어 보세요.

1.

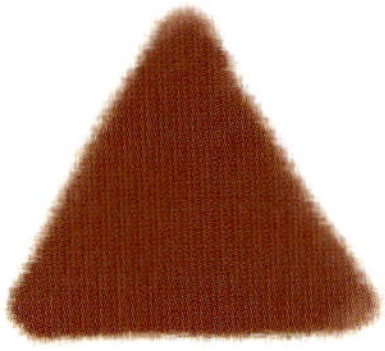

2.

3.

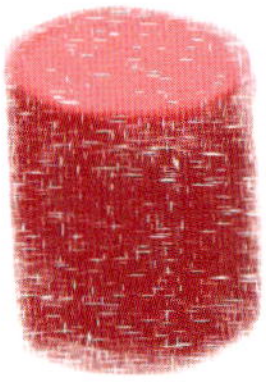

4.

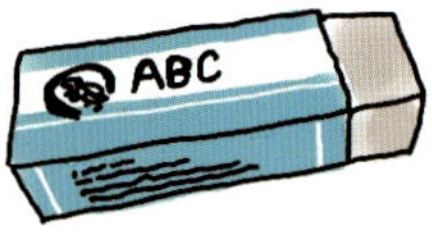

5.

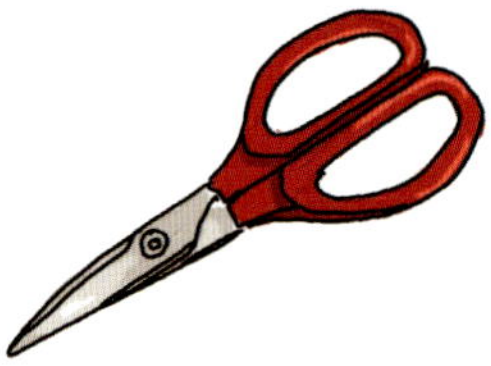

6.

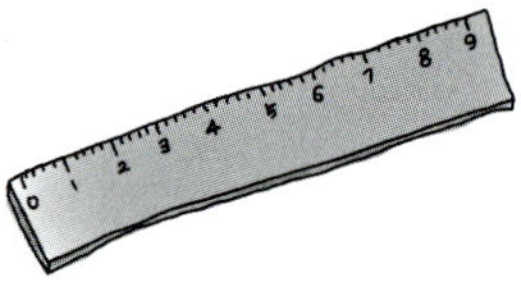

7.

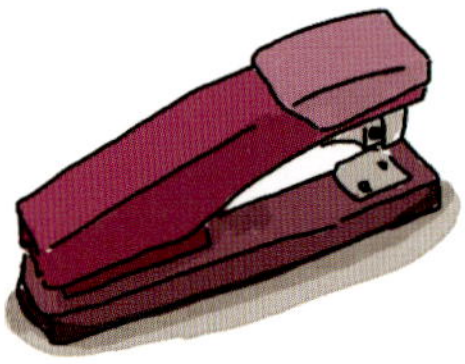

8.

답 1. square 2. triangle 3. pentagon 4. cylinder 5. eraser 6. scissors 7. ruler 8. stapler

진우의 월요일 일과 시간표를 보고 빈칸에 해당되는
영어 단어를 쓰세요.

월요일		
1교시	수학	
2교시	영어	
3교시	음악	
점 심		
4교시	체육	
5교시	역사	
하교 후	숙제	

답 math, English, music, PE(physical education), history, homework

부호

더하기
plus
플러스

plus

빼기
minus
마이너스

minus

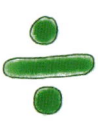

나누기
divide
디바이드

divide

곱하기
times
타임즈

times

크다/작다
greater/less
그레이러/레스

greater/less

같다
equal
이퀄

equal

마침표
period
피리어드

period

느낌표
**exclamation
mark**
익스클러메이션 마크

exclamation mark

물음표
question mark
퀘스천 마크

question mark

하이픈
hyphen
하이픈

hyphen

콜론
colon
콜런

colon

세미콜론
semicolon
쎄미콜런

semicolon

따옴표
quotation marks
쿼테이션 막스

quotation marks

생략기호
ellipsis
일립시즈

ellipsis

at/골뱅이
at
앳

at

루트
square root
스퀘어 루트

square root

DAY 22 숫자 I

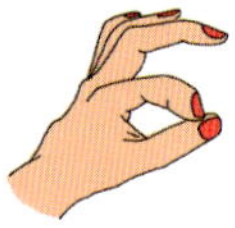

	영 **zero** 지로우	zero
	하나 **one** 원	one
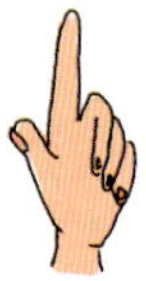	둘 **two** 투	two
	셋 **three** 쓰리	three
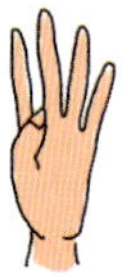	넷 **four** 포	four
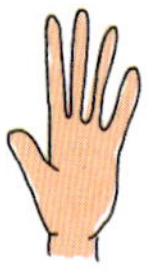	다섯 **five** 파이브	five
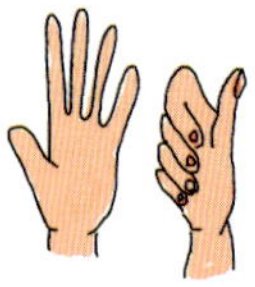	여섯 **six** 씩스	six
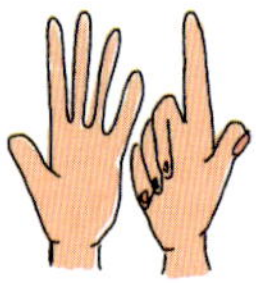	일곱 **seven** 쎄븐	seven

Listen

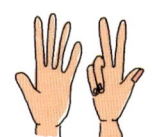 **여덟** **eight** 에잇	eight
아홉 **nine** 나인	nine
열 **ten** 텐	ten
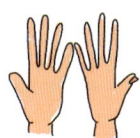 20 **이십** **twenty** 투웬티	twenty
30 **삼십** **thirty** 써리	thirty
40 **사십** **forty** 포리	forty
50 **오십** **fifty** 핍티	fifty
60 **육십** **sixty** 씩스티	sixty

63

DAY 23 숫자 Ⅱ / 요일

70	**칠십** **seventy** 쎄븐디	seventy
80	**팔십** **eighty** 에이리	eighty
90	**구십** **ninety** 나인디	ninety
100	**백** **hundred** 헌드레드	hundred
1,000	**천** **thousand** 싸우전드	thousand
10,000	**만** **ten thousand** 텐 싸우전드	ten thousand
1,000,000	**백만** **million** 밀리언	million
100,000,000	**억** **hundred million** 헌드레드 밀리언	hundred million

1,000,000 000,000	조 **trillion** 트릴리언	trillion
	월요일 **Monday** 먼데이	Monday
	화요일 **Tuesday** 투스데이	Tuesday
	수요일 **Wednesday** 웬즈데이	Wednesday
	목요일 **Thursday** 썰스데이	Thursday
	금요일 **Friday** 프라이데이	Friday
	토요일 **Saturday** 쌔러데이	Saturday
	일요일 **Sunday** 썬데이	Sunday

일 I

1일	first
first	
펄스트	

2일	second
second	
쎄컨드	

3일	third
third	
써드	

4일	fourth
fourth	
폴쓰	

5일	fifth
fifth	
핍쓰	

6일	sixth
sixth	
씩쓰	

Listen

7일
seventh
쎄븐쓰

seventh

8일
eighth
에잇쓰

eighth

9일
ninth
나인쓰

ninth

10일
tenth
텐쓰

tenth

11일
eleventh
일레븐쓰

eleventh

12일
twelfth
트웰프쓰

twelfth

13일
thirteenth
썰틴쓰

thirteenth

14일
fourteenth
폴틴쓰

fourteenth

15일
fifteenth
핍틴쓰

fifteenth

16일
sixteenth
씩스틴쓰

sixteenth

DAY 25

일 II

17일
seven-teenth
쎄븐틴쓰

seventeenth

18일
eighteenth
에이틴쓰

eighteenth

19일
nineteenth
나인틴쓰

nineteenth

20일
twentieth
트웬티쓰

twentieth

21일
twenty first
트웬티 펄스트

twenty first

22일
twenty second
트웬티 쎄컨드

twenty second

23일
twenty third
트웬티 써드

twenty third

24일
twenty fourth
트웬티 폴쓰

twenty fourth

25일
twenty fifth
트웬티 핍쓰

twenty fifth

26일
twenty sixth
트웬티 씩쓰

twenty sixth

27일
twenty seventh
트웬티 쎄븐쓰

twenty seventh

28일
twenty eighth
트웬티 에잇쓰

twenty eighth

29일
twenty ninth
트웬티 나인쓰

twenty ninth

30일
thirtieth
썰티쓰

thirtieth

31일
thirty first
썰티 펄스트

thirty first

연습 문제 A

다음 숫자를 영어로 바꾸어 써 보세요.

1. 3	
2. 48	
3. 97	
4. 186	
5. 362	
6. 874	
7. 1,563	
8. 7,768	
9. 10,255	
10. 1,000,067	

답 1. three 2. forty eight 3. ninety seven 4. one hundred eighty six
5. three hundred sixty two 6. eight hundred seventy four
7. one thousand five hundred sixty three
8. seven thousand seven hundred sixty eight
9. ten thousand two hundred fifty five
10. one million sixty seven

연습 문제 B 다음 달력의 빈칸을 영어로 채워 보세요.

1월

일요일	ⓐ	ⓑ	수요일	ⓒ	ⓓ	ⓔ
	1	2	3	4	ⓕ	6
ⓖ	8	9	10	ⓗ	12	ⓘ
14	ⓙ	ⓚ	17	18	19	ⓛ
ⓜ	22	23	ⓝ	25	26	27
28	29	ⓞ	31			

답 ⓐ Monday ⓑ Tuesday ⓒ Thursday ⓓ Friday ⓔ Saturday ⓕ fifth ⓖ seventh ⓗ eleventh ⓘ thirteenth ⓙ fifteenth ⓚ sixteenth ⓛ twentieth ⓜ twenty first ⓝ twenty fourth ⓞ thirtieth

DAY 26 계절 / 월

봄
spring
스프링

spring

여름
summer
써머

summer

가을
fall
펄

fall

겨울
winter
윈터

winter

1월
January
재뉴어리

January

2월
February
페브러리

February

3월
March
마취

March

4월
April
에이프럴

April

5월
May
메이

May

6월
June
준

June

7월
July
줄라이

July

8월
August
어거스트

August

9월
September
셉템버

September

10월
October
악토버

October

11월
November
노벰버

November

12월
December
디쎔버

December

새벽
dawn
던

dawn

아침
morning
모닝

morning

오전
morning
모닝

morning

점심
lunch
런취

lunch

오후
afternoon
애프터눈

afternoon

저녁
evening
이브닝

evening

밤
night
나잇

night

시
hour
아우어

hour

분
minute
미닛

minute

초
second
쎄컨드

second

어제
yesterday
예스터데이

yesterday

오늘
today
투데이

today

내일
tomorrow
투마로우

tomorrow

내일모레
day after tomorrow
데이 애프터 투마로우

day after tomorrow

하루
day
데이

day

DAY 28 우주 환경과 오염 I

지구
Earth
얼쓰

Earth

수성
Mercury
머큐리

Mercury

금성
Venus
비너스

Venus

화성
Mars
마쓰

Mars

목성
Jupiter
쥬피터

Jupiter

토성
Saturn
쌔턴

Saturn

천왕성
Uranus
유러너스

Uranus

명왕성
Pluto
플루토

Pluto

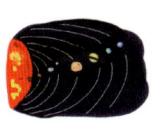

태양계
solar system
쏠러 씨스템

solar system

외계인
alien
에일리언

alien

행성
planet
플래닛

planet

은하계
galactic system
걸레틱 씨스템

galactic system

환경
environment
인바이런먼트

environment

파괴
destruction
디스트럭션

destruction

멸망
fall
펄

fall

재활용
recycling
리싸이클링

recycling

DAY 29

우주 환경과 오염 II

쓰레기
waste
웨이스트

waste

쓰레기장
dump
덤프

dump

오염
pollution
펄루션

pollution

생존
survival
써바이블

survival

자연
nature
네이쳐

nature

유기체
organism
오거니즘

organism

생물
creature
크리쳐

creature

지구온난화
global warming
글로벌 워밍

global warming

Listen

보름달
full moon
풀 문

full moon

반달
half moon
하프 문

half moon

초승달
new moon
뉴 문

new moon

유성
meteor
미티어

meteor

위도
latitude
래리튜드

latitude

경도
longitude
란저튜드

longitude

적도
equator
이퀘이터

equator

일식
solar eclipse
쏘울러 이클립스

solar eclipse

DAY 30 날씨 표현

맑은
clear
클리어

clear

따뜻한
warm
웜

warm

화창한
sunny
써니

sunny

더운
hot
핫

hot

흐린
cloudy
클라우디

cloudy

안개 낀
foggy
퍼기

foggy

습한
humid
휴미드

humid

시원한
cool
쿨

cool

쌀쌀한
chilly
칠리

chilly

추운
cold
코울드

cold

장마철
rainy season
레이니 씨즌

rainy season

천둥
thunder
썬더

thunder

번개
lightning
라잇닝

lightning

태풍
typhoon
타이푼

typhoon

비가 오다
rain
레인

rain

눈이 내리다
snow
스노우

snow

영어단어에 알맞은 뜻을 연결해 보세요.

1. environment	●	● ⓐ	반달
2. solar system	●	● ⓑ	천둥
3. global warming	●	● ⓒ	자연
4. waste	●	● ⓓ	행성
5. Earth	●	● ⓔ	환경
6. half moon	●	● ⓕ	수성
7. Mercury	●	● ⓖ	지구 온난화
8. thunder	●	● ⓗ	태양계
9. planet	●	● ⓘ	보름달
10. nature	●	● ⓙ	쓰레기
11. typhoon	●	● ⓚ	지구
12. recycling	●	● ⓛ	태풍
13. Venus	●	● ⓜ	비가 오다
14. full moon	●	● ⓝ	눈이 오다
15. rain	●	● ⓞ	재활용
16. snow	●	● ⓟ	금성

답 1.ⓔ 2.ⓗ 3.ⓖ 4.ⓙ 5.ⓚ 6.ⓐ 7.ⓕ 8.ⓑ 9.ⓓ 10.ⓒ 11.ⓛ 12.ⓞ 13.ⓟ 14.ⓘ 15.ⓜ 16.ⓝ

빈칸에 알맞은 단어를 넣어 보세요.

1

A: 오늘 날씨는 어때요?

How is the weather _____?

하우 이즈 더 웨더 투데이

B: 오늘은 화창해요.

It is _____.

잇 이즈 써니

2

A: 왜 봄을 좋아해요?

Why do you like _____?

와이 두 유 라익 스프링

B: 따뜻하니까요.

Because it is _____.

비커즈 잇 이즈 웜

3

A: 12월은 춥네요.

It is _____ in _____.

잇 이즈 콜드 인 디쎔버

B: 감기 조심하세요.

Be careful not to catch a cold.

비 케어풀 낫 투 캐치 어 콜드

4

A: 명왕성은 언제 태양계에서 재분류 되었나요?

When has ____ been reclassified in the solar system?

웬 해즈 플루토 빈 리클래시파이드 인 더 쏘울러 씨스템

B: 2006년도요.

In 2006.

인 투싸우전씩스

답 1. today, sunny 2. spring, warm 3. cold, December 4. Pluto

DAY 31 날씨 관련

해
sun
썬

sun

구름
cloud
클라우드

cloud

비
rain
레인

rain

바람
wind
윈드

wind

눈
snow
스노우

snow

고드름
icicle
아이씨클

icicle

별
star
스타

star

달
moon
문

moon

우주
space
스페이스

space

우박
hail
헤일

hail

홍수
flood
플러드

flood

가뭄
drought
드라웃

drought

지진
earthquake
얼쓰퀘익

earthquake

자외선
ultraviolet rays
울트라바이얼럿 레이즈

ultraviolet rays

열대야
tropical night
트로피컬 나잇

tropical night

오존층
ozone layer
오우존 레이어

ozone layer

포유류 I

사슴
deer
디어

deer

고양이
cat
캣

cat

팬더(판다)
panda
팬다

panda

사자
lion
라이언

lion

호랑이
tiger
타이거

tiger

기린
giraffe
쥐래프

giraffe

곰
bear
베어

bear

다람쥐
squirrel
스꿔럴

squirrel

Listen

낙타
camel
캐멀

camel

염소
goat
고우트

goat

표범
leopard
레퍼드

leopard

여우
fox
팍스

fox

늑대
wolf
울프

wolf

고래
whale
웨일

whale

코알라
koala
코알라

koala

양
sheep
쉽

sheep

DAY 33

포유류 Ⅱ

코끼리
elephant
엘리펀트

elephant

돼지
pig
피그

pig

말
horse
홀스

horse

원숭이
monkey
멍키

monkey

하마
hippo
히뽀

hippo

얼룩말
zebra
지브러

zebra

북극곰
polar bear
포울러 베어

polar bear

바다표범
seal
씰

seal

두더지
mole
모울

mole

개
dog
도그

dog

코뿔소
rhinoceros
라이나써러스

rhinoceros

쥐
mouse
마우스

mouse

소
cow
카우

cow

토끼
rabbit
래빗

rabbit

캥거루
kangaroo
캥거루

kangaroo

박쥐
bat
뱃

bat

DAY 34

곤충 / 거미류

모기
mosquito
머스끼토우

mosquito

파리
fly
플라이

fly

벌
bee
비

bee

잠자리
dragonfly
드래건플라이

dragonfly

거미
spider
스파이더

spider

매미
cicada
씨캐이더

cicada

바퀴벌레
cockroach
칵크로춰

cockroach

귀뚜라미
cricket
크리킷

cricket

풍뎅이
chafer
체이퍼

chafer

무당벌레
ladybird
레이디버드

ladybird

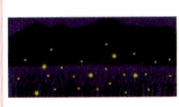

반딧불이
firefly
파이어플라이

firefly

메뚜기
grasshopper
그래스하퍼

grasshopper

개미
ant
앤트

ant

사마귀
mantis
맨티스

mantis

나비
butterfly
버러플라이

butterfly

소금쟁이
pond skater
판 스케이터

pond skater

DAY 35 조류

독수리
eagle
이글

eagle

부엉이
owl
아월

owl

매
falcon
펠컨

falcon

까치
magpie
맥파이

magpie

까마귀
crow
크로우

crow

참새
sparrow
스패로우

sparrow

학
crane
크레인

crane

오리
duck
덕

duck

펭귄
penguin
펭귄

penguin

제비
swallow
스왈로우

swallow

닭
chicken
취킨

chicken

공작
peacock
피콕

peacock

앵무새
parrot
페럿

parrot

기러기
wild goose
와일구스

wild goose

거위
goose
구스

goose

비둘기
dove
도브

dove

연습 문제 A 영어단어에 알맞은 뜻을 연결해 보세요.

1. ant •   • ⓐ 오리

2. owl •   • ⓑ 개미

3. duck •   • ⓒ 독수리

4. butterfly •   • ⓓ 거위

5. swallow •   • ⓔ 잠자리

6. eagle •   • ⓕ 부엉이

7. bee •   • ⓖ 벌

8. sparrow •   • ⓗ 비둘기

9. goose •   • ⓘ 나비

10. spider •   • ⓙ 거미

11. parrot •   • ⓚ 메뚜기

12. grasshopper •   • ⓛ 참새

13. dragonfly •   • ⓜ 사마귀

14. dove •   • ⓝ 모기

15. mosquito •   • ⓞ 제비

16. mantis •   • ⓟ 앵무새

답 1.ⓑ 2.ⓕ 3.ⓐ 4.ⓘ 5.ⓞ 6.ⓒ 7.ⓖ 8.ⓛ 9.ⓓ 10.ⓙ 11.ⓟ 12.ⓚ 13.ⓔ 14.ⓗ 15.ⓝ 16.ⓜ

 **연습 문제 B**

윤지가 동물원에 갔어요. 그림을 보고 동물원에서 본 동물 이름을 영어로 적어 보세요.

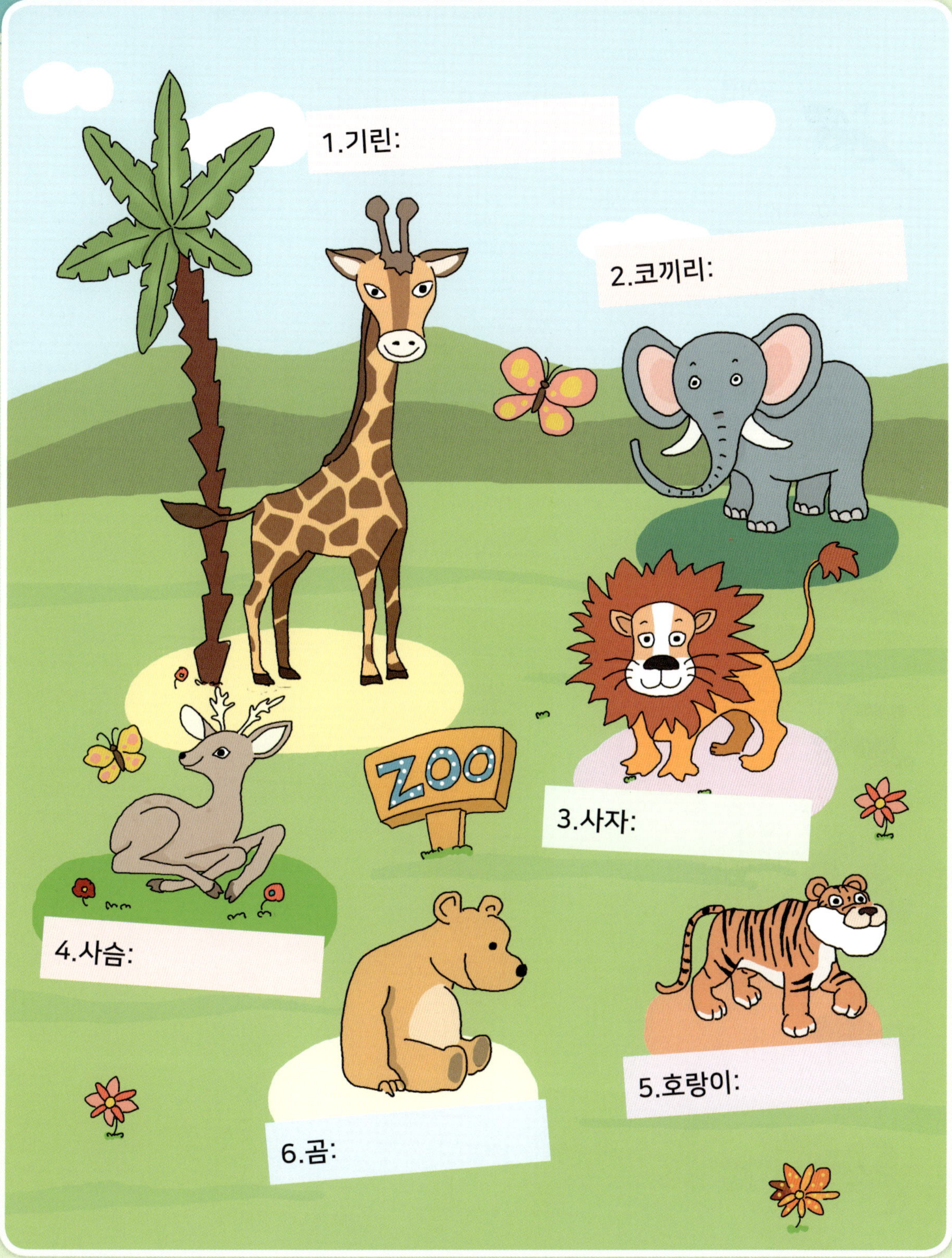

1.기린:

2.코끼리:

3.사자:

4.사슴:

5.호랑이:

6.곰:

답 1. giraffe 2. elephant 3. lion 4. deer 5. tiger 6. bear

DAY 36

파충류 / 양서류
어류 / 연체동물 / 갑각류

도마뱀
lizard
리저드

lizard

두꺼비
toad
토우드

toad

올챙이
tadpole
태드포울

tadpole

도롱뇽
salamander
샐러맨더

salamander

개구리
frog
프러그

frog

악어
crocodile
크라커다일

crocodile

거북이
turtle
터를

turtle

뱀
snake
스네익

snake

연어
salmon
쌔먼

salmon

문어
octopus
악터퍼스

octopus

오징어
squid
스퀴드

squid

게
crab
크랩

crab

새우
shrimp
쉬림프

shrimp

가재
crawfish
크라피쉬

crawfish

상어
shark
샤크

shark

조개
shellfish
쉘피쉬

shellfish

꽃

무궁화
rose of Sharon
로우즈 업 쉐론

rose of Sharon

코스모스
cosmos
카스머스

cosmos

수선화
daffodil
대퍼딜

daffodil

장미
rose
로우즈

rose

데이지
daisy
데이지

daisy

아이리스
iris
아이리스

iris

동백꽃
camellia
커밀리어

camellia

벚꽃
cherry blossom
체리 블러썸

cherry blossom

나팔꽃
morning glory
모닝 글로리

morning glory

라벤더
lavender
래번더

lavender

튤립
tulip
튤립

tulip

제비꽃
violet
바이얼럿

violet

안개꽃
gypsophila
집싸필러

gypsophila

해바라기
sunflower
썬플라워

sunflower

진달래
azalea
어젤리어

azalea

민들레
dandelion
댄디라이언

dandelion

DAY 38

풀 / 야생화 / 나무

캐모마일
chamomile
캐머밀

chamomile

클로버
clover
글로버

clover

강아지풀
foxtail
팍스테일

foxtail

고사리
bracken
브래컨

bracken

잡초
weeds
위즈

weeds

억새풀
silvergrass
실버그래스

silvergrass

소나무
pine
파인

pine

메타세콰이아
metasequoia
메터시콰이어

metasequoia

감나무
persimmon tree
퍼씨먼 트리

persimmon tree

사과나무
apple tree
애플 트리

apple tree

석류나무
pomegranate tree
파머그래닛 트리

pomegranate tree

밤나무
chestnut tree
체스트넛 트리

chestnut tree

은행나무
ginkgo
깅코우

ginkgo

배나무
pear tree
페어 트리

pear tree

양귀비꽃
poppy
파삐

poppy

집의 부속물

① 대문
gate
게잇

gate

② 담
wall
월

wall

③ 정원
garden
가든

garden

④ 우편함
mailbox
메일박스

mailbox

⑤ 차고
garage
거라쥐

garage

⑥ 진입로
driveway
드라이브웨이

driveway

⑦ 굴뚝
chimney
침니

chimney

⑧ 지붕
roof
루프

roof

⑨ 계단
stairs
스테얼스

stairs

⑩ 벽
wall
월

wall

⑪ 테라스
terrace
테러스

terrace

⑫ 창고
shed
쉐드

shed

⑬ 현관
entrance
엔트런스

entrance

⑭ 지하실
basement
베이스먼트

basement

⑮ 위층
upstairs
업스테얼스

upstairs

⑯ 아래층
downstairs
다운스테얼스

downstairs

거실용품

① 거실 **living room** 리빙 룸	living room
② 창문 **window** 윈도우	window
③ 책장 **bookcase** 북케이스	bookcase
④ 마루 **floor** 플로워	floor
⑤ 카펫 **carpet** 카핏	carpet
⑥ 테이블 **table** 테이블	table

⑦ 장식장
cabinet
캐비닛

cabinet

⑧ 에어컨
air conditioner
에어 컨디셔너

air conditioner

⑨ 소파
sofa
소우파

sofa

⑩ 커튼
curtain
커튼

curtain

⑪ 달력
calendar
캘린더

calendar

⑫ 액자
frame
프레임

frame

⑬ 시계
clock
클락

clock

⑭ 텔레비전
television
텔리비젼

television

⑮ 컴퓨터
computer
컴퓨러

computer

⑯ 진공청소기
vacuum cleaner
배큠 클리너

vacuum cleaner

 영어단어에 알맞은 뜻을 연결해 보세요.

1. turtle •　　　　　　　　　　　　　　• ⓐ 클로버

2. clover •　　　　　　　　　　　　　　• ⓑ 상어

3. shark •　　　　　　　　　　　　• ⓒ 해바라기

4. persimmon tree •　　　　　　　　　　• ⓓ 도마뱀

5. crab •　　　　　　　　　　　　　　• ⓔ 거북이

6. sunflower •　　　　　　　　　　　　• ⓕ 장미

7. shrimp •　　　　　　　　　　　　　• ⓖ 소나무

8. ginkgo •　　　　　　　　　　　　　　• ⓗ 게

9. lizard •　　　　　　　　　　　　　　• ⓘ 감나무

10. rose •　　　　　　　　　　　　　　• ⓙ 새우

11. snake •　　　　　　　　　　　　　• ⓚ 진달래

12. pine •　　　　　　　　　　　　　　• ⓛ 뱀

13. salmon •　　　　　　　　　　　• ⓜ 은행나무

14. frog •　　　　　　　　　　　　　　• ⓝ 벚꽃

15. azalea •　　　　　　　　　　　　　• ⓞ 연어

16. cherry blossom •　　　　　　　　　　• ⓟ 개구리

답 1.ⓔ 2.ⓐ 3.ⓑ 4.ⓘ 5.ⓗ 6.ⓒ 7.ⓙ 8.ⓜ 9.ⓓ 10.ⓕ 11.ⓛ 12.ⓖ 13.ⓞ 14.ⓟ 15.ⓚ 16.ⓝ

 **연습 문제 B**

지민이가 거실에서 한 일입니다. 밑줄 친 말에 해당하는 영어를 적어 보세요.

1

<u>창문</u>을 열고 환기를 시켰어요.

_____

2

<u>책장</u>에 책을 꽂았어요.

_____

3

<u>진공청소기</u>로 <u>마루</u>를 청소했어요.

_____ _____, _____

4

<u>달력</u>을 한 장 넘겼어요.

_____

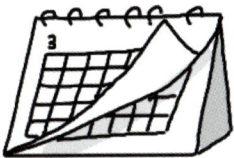

답 1. window 2. bookcase 3. vacuum cleaner, floor 4. calendar

침실용품

① 침대
bed
베드

bed

② 자명종/알람
시계
alarm
얼람

alarm

③ 매트리스
mattress
매트리스

mattress

④ 침대시트
bed sheet
베드 쉿

bed sheet

⑤ 슬리퍼
slippers
슬리퍼스

slippers

⑥ 이불
bedclothes
베드클로우쓰

bedclothes

⑦ 베개
pillow
필로우

pillow

⑧ 화장대
dressing table
드레싱 테이블

dressing table

⑨ 화장품
cosmetics
코스메릭스

cosmetics

⑩ 옷장
closet
클로짓

closet

⑪ 쿠션
cushion
쿠션

cushion

⑫ 쓰레기통
garbage can
가비쥐 캔

garbage can

⑬ 천장
ceiling
씰링

ceiling

⑭ 전등
electric light
일렉트릭 라잇

electric light

⑮ 스위치
switch
스위취

switch

⑯ 공기청정기
air purifier
에어 퓨러파이어

air purifier

주방 / 주방용품

① 냉장고
refrigerator
리프리져레이러

refrigerator

② 전자레인지
microwave
마이크로웨이브

microwave

③ 환풍기
ventilator
벤틸레이러

ventilator

④ 가스레인지
gas stove
개스 스토브

gas stove

⑤ 싱크대
sink
씽크

sink

⑥ 주방조리대
countertop
카운터탑

countertop

⑦ 오븐
oven
오븐

oven

⑧ 수납장
cabinet
캐비닛

cabinet

Listen

 **도마** **cutting board** 커팅 보드	cutting board
 **프라이팬** **frying pan** 프라잉 팬	frying pan
 **칼** **knife** 나이프	knife
 **뒤집개** **spatula** 스페츌러	spatula
 **국자** **ladle** 레이들	ladle
 **냄비** **pot** 팟	pot
 **젓가락** **chopsticks** 찹스틱스	chopsticks
 **숟가락** **spoon** 스푼	spoon

111

욕실용품

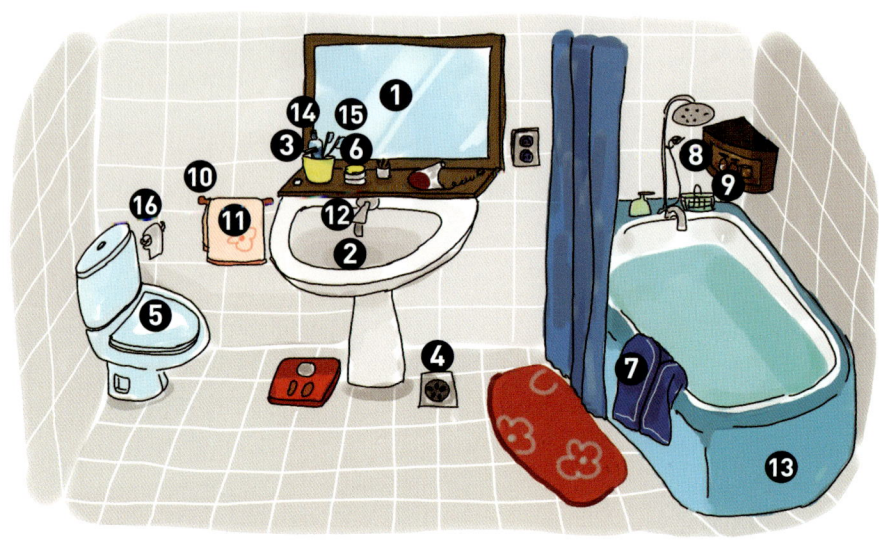

① 거울 **mirror** 미러	mirror	② 세면대 **sink** 씽크	sink
③ 면도기 **razor /** (전기) **shaver** 레이저/쉐이버	razor / shaver	④ 배수구 **drain** 드레인	drain
⑤ 변기 **toilet** 토일럿	toilet	⑥ 비누 **soap** 쏘웁	soap

Listen

⑦ 샤워가운
bathrobe
배쓰로웁

bathrobe

⑧ 샴푸
shampoo
샴푸

shampoo

⑨ 린스
hair conditioner
헤어 컨디셔너

hair conditioner

⑩ 수건걸이
towel rack
타월 랙

towel rack

⑪ 수건
towel
타월

towel

⑫ 수도꼭지
faucet
퍼씻

faucet

⑬ 욕조
bathtub
배쓰텁

bathtub

⑭ 치약
toothpaste
투쓰페이스트

toothpaste

⑮ 칫솔
toothbrush
투쓰브러쉬

toothbrush

⑯ 화장지
toilet paper
토일럿 페이퍼

toilet paper

113

DAY 44 채소, 뿌리식물 I

고수나물
coriander
커리앤더

coriander

양상추
(iceberg) lettuce
(아이스벅) 레티스

(iceberg) lettuce

애호박
zucchini
주키니

zucchini

당근
carrot
캐럿

carrot

피망
bell pepper
벨 페퍼

bell pepper

버섯
mushroom
머쉬룸

mushroom

감자
potato
포테이도

potato

고추
chili pepper
칠리 페퍼

chili pepper

토마토
tomato
토메이도

tomato

무
radish
래디쉬

radish

배추
napa cabbage
나파 캐비쥐

napa cabbage

마늘
garlic
갈릭

garlic

우엉
burdock
버닥

burdock

상추
(leaf) lettuce
(립) 레티스

(leaf) lettuce

시금치
spinach
스피니취

spinach

양배추
cabbage
캐비쥐

cabbage

DAY 45 채소, 뿌리식물 Ⅱ

양파
onion
어니언

onion

호박
pumpkin
펌킨

pumpkin

고구마
sweet potato
스윗 포테이도

sweet potato

오이
cucumber
큐컴버

cucumber

파
green onion
그린 어니언

green onion

콩나물
bean sprouts
빈 스프라웃

bean sprouts

생강
ginger
진저

ginger

미나리
water dropwort
워러 드랍웟

water dropwort

옥수수 **corn** 콘	corn
가지 **eggplant** 에그플랜트	eggplant
송이버섯 **pine mushroom** 파인 머쉬룸	pine mushroom
도라지 **balloon flower** 벌룬 플라워	balloon flower
깻잎 **perilla leaf** 페릴라 립	perilla leaf
고사리 **bracken** 브래컨	bracken
인삼 **ginseng** 진셍 	ginseng
홍삼 **red ginseng** 레드 진셍 	red ginseng

1. onion •   • ⓐ 고구마

2. pumpkin •   • ⓑ 오이

3. carrot •   • ⓒ 마늘

4. sweet potato •   • ⓓ 콩나물

5. cucumber •   • ⓔ 양파

6. potato •   • ⓕ 감자

7. garlic •   • ⓖ 당근

8. bean sprouts •   • ⓗ 호박

9. ginger •   • ⓘ 피망

10. spinach •   • ⓙ 시금치

11. bell pepper •   • ⓚ 생강

12. mushroom •   • ⓛ 양배추

13. cabbage •   • ⓜ 인삼

14. radish •   • ⓝ 버섯

15. ginseng •   • ⓞ 무

16. corn •   • ⓟ 옥수수

답 1.ⓔ 2.ⓗ 3.ⓖ 4.ⓐ 5.ⓑ 6.ⓕ 7.ⓒ 8.ⓓ 9.ⓚ 10.ⓙ 11.ⓘ 12.ⓝ 13.ⓛ 14.ⓞ 15.ⓜ 16.ⓟ

 **연습 문제 B**

모모가 침실과 주방에서 한 일들이에요. 밑줄 친 단어에 해당하는 영어 단어를 적어 보세요.

1 <u>냉장고</u> 문을 열어 음료수를 꺼내 마셨어요.

_____

2 <u>옷장</u>에서 옷을 꺼내 입었어요.

_____

3 <u>베개</u>에 씌워져 있는 커버를 갈았어요.

_____

4 <u>도마</u> 위에 채소를 올려 <u>칼</u>로 잘게 잘랐어요.

_____ _____, _____

답 1. refrigerator 2. closet 3. pillow 4. cutting board, knife

과일

사과
apple
애플

apple

배
pear
페어

pear

참외
oriental melon
어리엔틀 멜런

oriental melon

수박
watermelon
워러멜런

watermelon

복숭아
peach
피취

peach

멜론
melon
멜런

melon

오렌지
orange
어린쥐

orange

레몬
lemon
레먼

lemon

 **바나나** **banana** 버내너	banana
 **자두** **plum** 플럼	plum
 **살구** **apricot** 애프리캇	apricot
 **감** **persimmon** 퍼씨먼	persimmon
 **파인애플** **pineapple** 파인애플	pineapple
 **키위** **kiwi** 키위	kiwi
 **포도** **grape** 그레이프	grape
 **딸기** **strawberry** 스트로베리	strawberry

DAY 47

수산물, 해조류 / 육류

전복
abalone
애벌로니

abalone

멍게
sea squirt
씨 스퀏

sea squirt

성게
sea urchin
씨 어친

sea urchin

해삼
sea cucumber
씨 큐컴버

sea cucumber

굴
oyster
오이스터

oyster

미역
seaweed
씨위드

seaweed

김
laver
라버

laver

소고기
beef
비프

beef

돼지고기
pork
포크

pork

닭고기
chicken
취킨

chicken

칠면조
turkey
터키

turkey

베이컨
bacon
베이컨

bacon

햄
ham
햄

ham

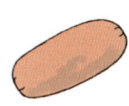

소시지
sausage
쏘시쥐

sausage

육포
beef jerky
비프 저키

beef jerky

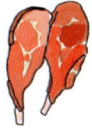

양고기
mutton
머튼

mutton

음료수

콜라(코카콜라)
Coke
코우크

Coke

사이다(스프라이트)
Sprite
스프라잇

Sprite

커피
coffee
커피

coffee

핫초코
hot chocolate
핫 차컬릿

hot chocolate

홍차
black tea
블랙 티

black tea

녹차
green tea
그린 티

green tea

밀크버블티
milkbubble tea
밀크버블 티

milkbubble tea

자스민차
jasmine tea
재스민 티

jasmine tea

Listen

밀크티
milk tea
밀크 티

milk tea

우유
milk
밀크

milk

두유
soybean milk
쏘이빈 밀크

soybean milk

생수
mineral water
미너럴 워러

mineral water

오렌지주스
orange juice
어린쥐 쥬스

orange juice

레모네이드
lemonade
레머네이드

lemonade

요구르트
yogurt
요겉

yogurt

125

기타 식품 및 요리재료

치즈
cheese
취즈

cheese

요거트
yogurt
요겻

yogurt

아이스크림
ice cream
아이스 크림

ice cream

분유
powdered milk
파우더드 밀크

powdered milk

버터
butter
버러

butter

참치
tuna
튜나

tuna

식용유
cooking oil
쿠킹 오일

cooking oil

간장
soy sauce
쏘이 쏘스

soy sauce

소금
salt
쏠트

salt

설탕
sugar
슈거

sugar

식초
vinegar
비니거

vinegar

참기름
sesame oil
쎄써미 오일

sesame oil

후추
pepper
페퍼

pepper

달걀
egg
에그

egg

대표요리

햄버거
hamburger
햄버거

hamburger

피자
pizza
핏짜

pizza

스테이크
steak
스테익

steak

핫도그
hot dog
핫도그

hot dog

마카로니 앤 치즈
macaroni and cheese
매커로니 앤 취즈

macaroni and cheese

포테이토칩
potato chips
포테이도 칩스

potato chips

바비큐
barbecue
바비큐

barbecue

파스타
pasta
파스타

pasta

바게뜨
baguette
배겟

baguette

타르트
tart
타르트

tart

샌드위치
sandwich
쌘드위취

sandwich

파니니
panini
파니니

panini

프라이드치킨
fried chicken
프라이드 취킨

fried chicken

리조또
risotto
리조토

risotto

피시 앤 칩스
fish and chips
피쉬 앤 칩스

fish and chips

와플
waffle
와플

waffle

연습 문제 A

영어단어에 알맞은 뜻을 연결해 보세요.

1. peach ●   ● ⓐ 복숭아

2. watermelon ●   ● ⓑ 굴

3. oyster ●   ● ⓒ 녹차

4. green tea ●   ● ⓓ 배

5. grape ●   ● ⓔ 수박

6. chicken ●   ● ⓕ 참치

7. pear ●   ● ⓖ 포도

8. tuna ●   ●   ⓗ 소고기

9. beef ●   ● ⓘ 간장

10. seaweed ●   ●   ⓙ 닭고기

11. soy sauce ●   ● ⓚ 미역

12. apple ●   ● ⓛ 우유

13. soybean milk ●   ● ⓜ 두유

14. strawberry ●   ●   ⓝ 돼지고기

15. milk ●   ● ⓞ 딸기

16. pork ●   ● ⓟ 사과

답 1.ⓐ 2.ⓔ 3.ⓑ 4.ⓒ 5.ⓖ 6.ⓙ 7.ⓓ 8.ⓕ 9.ⓗ 10.ⓚ 11.ⓘ 12.ⓟ 13.ⓜ 14.ⓞ 15.ⓛ 16.ⓝ

은성이가 음식점에 갔어요. 메뉴판을 보고
메뉴판에 있는 음식의 영어 이름을 써 보세요.

• MENU •

피자 --------------------------- 20,000원

(   )

파스타 --------------------------- 10,000원

(   )

리조또 --------------------------- 10,000원

(   )

핫도그 --------------------------- 3,000원

(   )

햄버거 --------------------------- 5,000원

(   )

샌드위치 --------------------------- 6,000원

(   )

타르트 --------------------------- 6,000원

(   )

답 pizza, pasta, risotto, hot dog, hamburger, sandwich, tart

DAY 51 맛 표현

맛있는
delicious
딜리셔스

delicious

맛없는
bad
배드

bad

싱거운
bland
블랜드

bland

뜨거운
hot
핫

hot

단
sweet
스윗

sweet

짠
salty
쏠티

salty

매운
spicy
스파이씨

spicy

얼큰한
spicy
스파이씨

spicy

신
sour
싸워

sour

쓴
bitter
비러

bitter

떫은
astringent
어스트린젼트

astringent

느끼한
greasy
그리씨

greasy

(곡식이나 견과류 등
이) 고소한
nutty
너티

nutty

담백한
mild
마일드

mild

쫄깃한
chewy
츄이

chewy

비린
fishy
피쉬

fishy

DAY 52 의류

정장
suit
쑷

suit

청바지
jeans
진스

jeans

티셔츠
T-shirt
티셔츠

T-shirt

원피스
dress
드레스

dress

반바지
shorts
쇼츠

shorts

치마
skirt
스커트

skirt

조끼
vest
베스트

vest

남방
shirt
셔츠

shirt

재킷
jacket
재킷

jacket

운동복
sportswear
스포츠웨어

sportswear

스웨터
sweater
스웨러

sweater

우의
raincoat
레인코웃

raincoat

속옷
underwear
언더웨어

underwear

교복
school uniform
스쿨 유니폼

school uniform

바지
pants
팬츠

pants

외투
overcoat
오버코웃

overcoat

DAY 53

신발, 양말 / 기타 액세서리

신발
shoes
슈즈

shoes

운동화
sneakers
스니커스

sneakers

구두
shoes
슈즈

shoes

부츠
boots
부츠

boots

슬리퍼
slippers
슬리퍼스

slippers

(비 올 때 신는) 장화
rain boots
레인 부츠

rain boots

양말
socks
싹스

socks

스타킹
stockings
스타킹스

stockings

136

 모자 **hat** 햇	hat
 가방 **bag** 백	bag
 반지 **ring** 링	ring
 안경 **glasses** 글래씨스	glasses
 지갑 **wallet** 월럿	wallet
 목도리 **muffler** 머플러	muffler
 손목시계 **wristwatch** 리슷와취	wristwatch
 장갑 **gloves** 글러브스	gloves

DAY 54 기타용품

비누
soap
쏘웁

soap

물티슈
wet wipe
웻 와입

wet wipe

기저귀
diaper
다이퍼

diaper

우산
umbrella
엄브렐러

umbrella

건전지
battery
배러리

battery

종이컵
paper cup
페이퍼 컵

paper cup

모기약
mosquito repellent
머스끼토우 리펠런트

mosquito repellent

컵라면
cup noodles
컵 누들스

cup noodles

면도크림
shaving cream
쉐이빙 크림

shaving cream

치약
toothpaste
투쓰페이스트

toothpaste

칫솔
toothbrush
투쓰브러쉬

toothbrush

손톱깎이
nail clippers
네일 클리퍼스

nail clippers

화장지
toilet paper
토일럿 페이퍼

toilet paper

빗
comb
코움

comb

향수
perfume
퍼퓸

perfume

거울
mirror
미러

mirror

색상

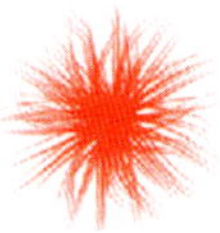

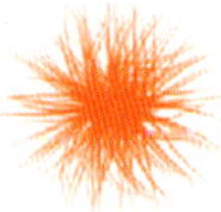

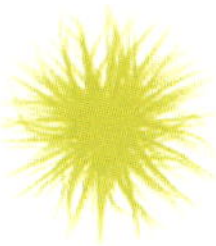

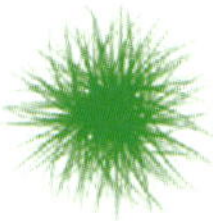

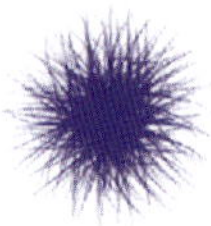

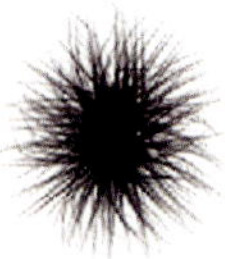

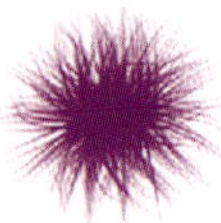

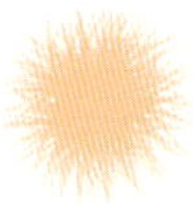

빨간색 **red** 레드	red
주황색 **orange** 어린쥐	orange
노란색 **yellow** 옐로우	yellow
초록색 **green** 그린	green
파란색 **blue** 블루	blue
남색 **navy** 네이비	navy
보라색 **purple** 퍼플	purple
상아색 **ivory** 아이버리	ivory

| 황토색 |
| **ocher** |
| 오우커 |

ocher

| 검은색 |
| **black** |
| 블랙 |

black

| 회색 |
| **gray** |
| 그레이 |

gray

| 흰색 |
| **white** |
| 와잇 |

white

| 갈색 |
| **brown** |
| 브라운 |

brown

| 분홍색 |
| **pink** |
| 핑크 |

pink

그림을 보고 해당되는 영어 단어를 쓰세요.

1.	2.
3.	4.
5.	6.
7.	8.
9.	10.

답 1. skirt 2. school uniform 3. socks 4. hat 5. bag 6. glasses 7. umbrella
8. toilet paper 9. comb 10. toothbrush

빈칸에 알맞은 단어를 넣어 보세요.

1

A: 이 와플 맛이 어때요?

How does this waffle taste?

하우 더즈 디스 와플 테이스트

B: 맛있어요!

It is _____!

잇 이즈 딜리셔스

2

A: 도와드릴까요?

May I help you?

메이 아이 헬퓨

B: 저는 청바지를 사려고 해요.

I want to buy _____.

아이 원투 바이 진스

3

A: 무슨 색깔을 좋아해요?

What color do you like?

왓 칼라 두 유 라익

B: 저는 빨간색을 좋아해요.

I like _____.

아이 라익 레드

4

A: 파란색을 보면 마음이 편해져요.

_____ makes me feel better.

블루 메익스 미 필 베러

B: 저는 초록색을 보면 마음이 편해져요.

I feel better when I see _____.

아이 필 베러 웬 아이 씨 그린

답 1. delicious 2. jeans 3. red 4. Blue, green

143

DAY 56 자연물 또는 인공물

강 **river** 리버		river
나무 **tree** 트리		tree
동굴 **cave** 케이브		cave
들판 **field** 필드		field
바다 **sea** 씨		sea
사막 **desert** 데저트		desert
산 **mountain** 마운튼		mountain
섬 **island** 아일런드		island

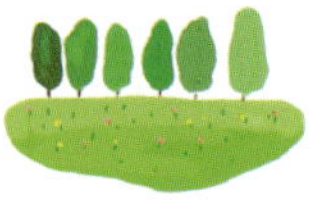

삼림
forest
퍼리스트

forest

습지
wetland
웻랜드

wetland

연못
pond
판드

pond

폭포
waterfall
워러펄

waterfall

해안
coast
코우스트

coast

협곡
canyon
캐년

canyon

호수
lake
레익

lake

목장
farm
팜

farm

도시 건축물

은행
bank
뱅크

bank

경찰서
police station
폴리쓰테이션

police station

병원
hospital
하스피럴

hospital

편의점
convenience store
컨비니언스토어

convenience store

호텔
hotel
호텔

hotel

서점
bookstore
북스토어

bookstore

백화점
department store
디팟먼 스토어

department store

영화관
movie theater
무비 씨어러

movie theater

문구점
stationery store
스테이셔너리 스토어

stationery store

놀이공원
amusement park
어뮤즈먼트 파크

amusement park

학교
school
스쿨

school

공원
park
파크

park

식물원
botanical garden
버테니컬 가든

botanical garden

동물원
zoo
주

zoo

박물관
museum
뮤지엄

museum

도서관
library
라이브러리

library

운동

볼링
bowling
보울링

bowling

테니스
tennis
테니스

tennis

스키
ski
스키

ski

축구
soccer
싸커

soccer

배구
volleyball
발리볼

volleyball

야구
baseball
베이스볼

baseball

농구
basketball
배스킷볼

basketball

탁구
table tennis
테이블 테니스

table tennis

수영
swimming
스위밍

swimming

배드민턴
badminton
배드민튼

badminton

럭비
rugby
럭비

rugby

스쿼시
squash
스쿼쉬

squash

아이스하키
ice hockey
아이스 하키

ice hockey

핸드볼
handball
핸드볼

handball

피겨스케이팅
figure skating
피겨 스케이링

figure skating

양궁
archery
아처리

archery

DAY 59

오락, 취미

영화 감상
watching movies
와칭 무비스

watching movies

음악 감상
listening to music
리스닝 투 뮤직

listening to music

여행
travel
트래블

travel

독서
reading
리딩

reading

춤추기
dancing
댄씽

dancing

노래 부르기
singing
씽잉

singing

운동
exercise
엑써싸이즈

exercise

등산
hiking
하이킹

hiking

악기 연주
playing a musical instrument
플레잉 어 뮤지컬 인스트러먼트

playing a musical instrument

요리
cooking
쿠킹

cooking

사진 찍기
taking pictures
테이킹 픽처스

taking pictures

우표 수집
stamp collecting
스탬프 컬렉팅

stamp collecting

십자수
cross-stitch
크로쓰티취

cross-stitch

TV 보기
watching TV
와칭 티비

watching TV

인터넷
surfing the Internet
서핑 디 이너넷

surfing the Internet

뜨개질
knitting
니딩

knitting

악기

기타
guitar
기타

guitar

피아노
piano
피애노

piano

색소폰
saxophone
쌕써폰

saxophone

플루트
flute
플룻

flute

하모니카
harmonica
하마니커

harmonica

클라리넷
clarinet
클래러넷

clarinet

트럼펫
trumpet
트럼핏

trumpet

하프
harp
하프

harp

첼로
cello
첼로

cello

아코디언
accordion
어코디언

accordion

드럼
drum
드럼

drum

실로폰
xylophone
자일러폰

xylophone

리코더
recorder
리코더

recorder

오카리나
ocarina
아커리나

ocarina

바이올린
violin
바이얼린

violin

비올라
viola
비얼라

viola

연습 문제 A

영어단어에 알맞은 뜻을 연결해 보세요.

1. bank •   • ⓐ 병원
2. mountain •   • ⓑ 도서관
3. hospital •   • ⓒ 은행
4. library •   • ⓓ 공원
5. river •   • ⓔ 박물관
6. school •   • ⓕ 산
7. sea •   • ⓖ 학교
8. park •   • ⓗ 해안
9. museum •   • ⓘ 강
10. island •   • ⓙ 바다
11. tree •   • ⓚ 연못
12. coast •   • ⓛ 사막
13. desert •   • ⓜ 호수
14. zoo •   • ⓝ 섬
15. lake •   • ⓞ 동물원
16. pond •   • ⓟ 나무

답 1.ⓒ 2.ⓕ 3.ⓐ 4.ⓑ 5.ⓘ 6.ⓖ 7.ⓙ 8.ⓓ 9.ⓔ 10.ⓝ 11.ⓟ 12.ⓗ 13.ⓛ 14.ⓞ 15.ⓜ 16.ⓚ

연습 문제 B

취미가 무엇인지 우리말 뜻을 보고 밑줄 친 부분에 해당되는 영어 단어를 적어 보세요.

1. 저는 <u>축구</u>를 좋아해요.
   (   )

2. 저는 <u>야구</u> 보는 걸 좋아해요.
   (   )

3. 제 취미는 <u>독서</u>예요.
   (   )

4. 저는 <u>영화 감상</u>을 좋아합니다.
   (   )

5. 저는 종종 <u>피아노</u>를 쳐요.
   (   )

6. 제 취미는 <u>바이올린</u>을 연주하는 것입니다.
   (   )

7. 제 취미는 <u>춤추기</u>예요.
   (   )

8. 저는 동생과 <u>배드민턴</u>을 치는 것이 취미입니다.
   (   )

9. 저는 방과 후에 친구들과 <u>농구</u>를 종종 합니다.
   (   )

10. 저는 TV 프로그램을 보고 <u>요리</u>를 따라 하는 것이 재미있어요.
    (   )

답 1. soccer 2. baseball 3. reading 4. watching movies 5. piano 6. violin 7. dancing 8. badminton 9. basketball 10. cooking

두부영어와 함께 하는

초등 영문법

2·5 형식

뿌수기 100

워크북으로 쉽고 빠르게 **영문법 마스터**

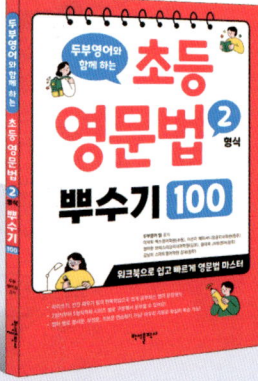

교재 핵심 POINT!

- ✔ 따라쓰기, 빈칸 채우기 등의 반복학습
- ✔ 2형식부터 5형식까지 시리즈 별로 구분
- ✔ 챕터 별로 평서문, 부정문, 의문문 연습하기 가능!